I-

EXPRESSIONS
DES PASSIONS DE
L'AME.
Representées en plusieurs
testes gravées d'apres les desseins
de feu Monsieur le Brun
Premier Peintre du Roy.
A Paris par Jean Audran
graveur du Roy en son
Academie; al hôtel Royal
des Gobelins.
Avec Privilege du Roy
1727.

EXPRESSIONS DES PASSIONS DE L'AME.

DESSEIN DE CET OUVRAGE.

LE Roy LOUIS XIV. de glorieuse memoire, ayant établi l'Académie Royale de Peinture & Sculpture à dessein de perfectionner les Arts: La France luy fournit des Hommes illustres, qui, pour concourir aux grandes vûës de SA MAJESTÉ, aidez des conseils de Monsieur Colbert leur Protecteur, reglerent des Assemblées & des Conferences, dans lesquelles on établit des principes sûrs pour former les Eléves de cette Académie.

Nous ne rapporterons point icy les avantages qu'a produit cet Etablissement: Les Ouvrages des excellens Maîtres qui en sont sortis, qui ont enrichi la France & l'Europe entiere, & causé l'admiration, & même la jalousie de nos Voisins, justifient assez ce que peut la noble émulation d'un Peuple ingenieux, lorsqu'elle est soutenuë de l'attention & des faveurs du Prince.

Entre les Discours que fit Monsieur le Brun premier Peintre du Roy, & Directeur de l'Académie, nous avons choisi celui où il traite de l'expression des Passions de l'Ame, où suivant les principes des anciens Philosophes, la passion est un mouvement de l'Ame qui réside en la partie sensitive, qui luy fait poursuivre ce qu'elle pense luy être bon, ou fuir ce qui luy paroît mauvais; il dit que ce qui cause à l'Ame quelque passion, fait faire au corps certains mouvemens, & produit des alterations dont il rapporte les principales.

Ensuite, il prétend que l'Ame reçoit l'impression des passions dans le cerveau, & qu'elle en ressent les effets au cœur, & que comme le cerveau est la partie du corps, où l'Ame exerce le plus immédiatement ses fonctions, le visage est aussi celle où elle fait voir plus particulierement ce qu'elle ressent; c'est pour cette raison qu'il est appellé le miroir de l'Ame.

Il distingue, comme les Anciens, deux sortes de Passions, les simples & les composées, dont les premieres résident dans l'appetit concupiscible, les autres dans l'appetit irascible; c'est l'ordre qu'il suit: il remarque en general que le sourcil exprime plus que toute autre partie l'impression des Passions; ensuite les yeux, la bouche, le nez, les jouës; c'est ce qui est exprimé par divers esquisses de têtes de cet illustre Auteur, qu'on a copié fidellement avec le précis du Discours, qui convient à chacune de ces têtes.

II. L'ATTENTION.

Les effets de l'attention sont de faire baisser & approcher les sourcils du côté du nez, tourner les prunelles vers l'objet qui la cause, ouvrir la bouche, & sur tout la partie superieure; baisser un peu la tête & la rendre fixe sans aucune autre alteration remarquable.

III. ADMIRATION *simple*.

Cette Passion ne causant que peu d'agitation, n'altere aussi que tres peu les parties du visage; cependant le sourcil s'éleve; l'œil s'ouvre un peu plus qu'à l'ordinaire. La prunelle placée également entre les paupieres, paroît fixée vers l'objet; la bouche s'entre-ouvre & ne forme pas de changement marqué dans les joües.

IV. ADMIRATION *avec étonnement*.

Les mouvemens qui accompagnent cette Passion, ne sont presque differens de ceux de l'admiration simple, qu'en ce qu'ils sont plus vifs & plus marquez; les sourcils plus élevez, les yeux plus ouverts, la prunelle plus éloignée de la paupiere inferieure, & plus fixe. La bouche plus ouverte, & toutes les parties dans une tension beaucoup plus sensible.

V. LA VENERATION.

De l'admiration naît l'estime, & celle-ci produit la veneration, qui, lorsqu'elle a pour objet quelque chose de divin & de caché aux sens, fait incliner le visage, abaisser les sourcils; les yeux sont presque fermez & fixes; la bouche fermée. Ces mouvemens sont doux, & ne produisent que peu de changemens dans les autres parties.

VI. LE RAVISSEMENT.

Quoique le ravissement ait le même objet que la veneration, consideré differemment, les mouvemens n'en sont point les mêmes; la tête se panche du côté gauche; les sourcils & la prunelle s'élevent directement; la bouche s'entre-ouvre, & les deux côtez sont aussi un peu élevez. Le reste des parties demeure dans son état naturel.

VII. LE DESIR.

Cette Passion rend les sourcils pressez & avancez sur les yeux, qui sont plus ouverts qu'à l'ordinaire; la prunelle enflammée se place au milieu de l'œil; les narines s'élevent & se serrent du côté des yeux; la bouche s'entre-ouvre, & les esprits qui sont en mouvement donnent une couleur vive & ardente.

VIII. LA JOYE *tranquille*.

L'on ne remarque que peu d'alteration dans le visage de ceux qui ressentent les douceurs de la joye; le front est serain; le sourcil sans mouvement, élevé par le milieu; l'œil médiocrement ouvert & riant; la prunelle vive & brillante; les coins de la bouche s'élevent un peu; le teint est vif; les joües & les lévres vermeilles.

IX. LE RIS.

De la joye meslée de surprise naît le ris, qui fait élever les sourcils vers le milieu de l'œil & baisser du côté du nez; les yeux presque fermez paroissent quelquefois moüillez, ou jetter des larmes qui ne changent rien au visage; la bouche entre-ouverte, laisse voir les dents; les extrêmitez de la bouche retirées en arriere, font faire un plis aux jouës qui paroissent enflées, & surmonter les yeux; les narines sont ouvertes, & tout le visage de couleur rouge.

X. DOULEUR *aiguë*.

La douleur aiguë fait approcher les sourcils l'un de l'autre, & élever vers le milieu; la prunelle se cache sous le sourcil; les narines s'élevent & marquent un plis aux jouës; la bouche s'entre-ouvre & se retire. Toutes les parties du visage sont agitées à mesure de la violence de la douleur.

XI. DOULEUR CORPORELLE *simple*.

Cette Passion produit à proportion les mêmes mouvemens que la précedente, mais moins aigus; les sourcils s'approchent & s'élevent moins. La prunelle paroît fixée vers un objet. Les narines s'élevent; mais le plis des jouës est moins sensible. Les lévres s'éloignent vers le milieu, & la bouche est à demi ouverte.

XII. TRISTESSE.

L'abattement que la tristesse produit fait élever les sourcils vers le milieu du front plus que du côté des jouës; la prunelle est trouble; le blanc de l'œil jaune; les paupieres abattuës & un peu enflées; le tour des yeux livide; les narines tirant en bas; la bouche entre-ouverte & les coins abaissez; la tête nonchalamment panchée sur une des épaules; la couleur du visage plombée; les lévres pâles & sans couleur.

XIII. LE PLEURER.

Les changemens que cause le pleurer sont tres marquez; le sourcil s'abaisse sur le milieu du front; les yeux presque fermez, moüillez & abaissez du côté des jouës; les narines enflées; les muscles & veines du front sont apparens; la bouche fermée; les côtez abaissez faisant des plis aux jouës: La lévre inferieure renversée, pressera celle de devant: tout le visage ridé & froncé; sa couleur rouge, surtout à l'endroit des sourcils, des yeux, du nez & des jouës.

XIV. LA COMPASSION.

L'attention vive aux malheurs d'autrui, qu'on nomme Compassion, fait abaisser les sourcils vers le milieu du front; la prunelle est fixe du côté de l'objet; les narines un peu élevées du côté du nez, font plisser les jouës; la bouche ouverte; la lévre superieure élevée & avancée; tous les muscles & toutes les parties du visage abaissées & tournées du côté de l'objet qui cause cette Passion.

XV. LE MÉPRIS.

Les mouvemens du mépris sont vifs & marquez; le front se ride; le sourcil se fronce, s'abaisse du côté du nez, & s'éleve beaucoup de l'autre côté; l'œil fort ouvert, & la prunelle au milieu; les narines élevées se retirent du côté des yeux & font des plis aux jouës; la bouche se ferme, ses extrêmitez s'abaissent, & la lévre de dessous excede celle de dessus.

XVI. L'HORREUR.

L'objet méprisé cause quelquefois de l'horreur, & pour lors le sourcil se fronce & s'abaisse beaucoup plus. La prunelle située au bas de l'œil est à moitié couverte par la paupiere inferieure; la bouche entre-ouverte, mais plus serrée par le milieu que par les extrêmitez, qui étant retirées en arriere, forment des plis aux jouës; le visage pâlit & les yeux deviennent livides; les muscles & les veines sont marquez.

XVII. L'EFFROY.

La violence de cette Passion altere toutes les parties du visage; le sourcil s'éleve par le milieu; ses muscles sont marquez, enflez, pressez l'un contre l'autre, & baissez sur le nez, qui se retire en haut aussi-bien que les narines; les yeux forts ouverts; la paupiere de dessus cachée sous le sourcil; le blanc de l'œil environné de rouge; la prunelle égarée se place vers la partie inferieure de l'œil; le dessous de la paupiere s'enfle & devient livide; les muscles du nez & des jouës s'enflent, & ceux-ci se terminent en pointe du côté des narines; la bouche fort ouverte, & ses coins fort apparens; les muscles & les veines du col tendus; les cheveux herissez; la couleur du visage comme du bout du nez, des lévres, des oreilles, & le tour des yeux pâle & livide; enfin tout doit être fort marqué.

XVIII. LA COLERE.

Les effets de la colere en font connoître la nature. Les yeux deviennent rouges & enflammez; la prunelle égarée & étincelante; les sourcils tantôt abattus, tantôt élevez également; le front tres ridé: des plis entre les yeux; les narines ouvertes & élargies; les lévres se pressant l'une contre l'autre, l'inferieure surmontant la superieure, laisse les coins de la bouche un peu ouverts, formant un ris cruel & dédaigneux.

XIX. HAINE ou *Jalousie*.

Cette Passion rend le front ridé; les sourcils abattus & froncez; l'œil étincelant, la prunelle à demi cachée sous les sourcils tournez du côté de l'objet: Elle doit paroître pleine de feu aussi-bien que le blanc de l'œil & les paupieres; les narines pâles, ouvertes, plus marquées qu'à l'ordinaire, retirées en arriere, ce qui fait paroître des plis aux jouës; la bouche fermée en sorte que l'on voit que les dents sont serrées; les coins de la bouche retirez & fort abaissez; les muscles des machoires paroîtront enfoncez; la couleur du visage partie enflammée, partie jaunâtre; les lévres pâles ou livides.

XX. LE DESESPOIR.

Comme cette Passion est extrême, ses mouvemens le sont aussi; le front se ride du haut en bas; les sourcils s'abaissent sur les yeux, & se pressent du côté du nez; l'œil en feu & plein de sang; la prunelle égarée, cachée sous le sourcil, étincelante & sans arrêt, les paupieres enflées & livides; les narines grosses, ouvertes, & élevées; le bout du nez abaissé; les muscles, tendons, veines enflez & tendus; le haut des jouës gros, marqué & serré à l'endroit de la machoire; la bouche retirée en arriere est plus ouverte par les côtez que par le milieu; la lévre inferieure grosse & renversée; l'on grince les dents; l'on écume; l'on se mord les lévres, qui sont livides comme tout le reste du visage; les cheveux sont droits & herissez.

l'Attention 2

l'Admiration

l'Admiration avec étonnement.

La Veneration

le Ravissement 6

le Desir

la Joye tranquille 8

le Ris

Douleur aigue

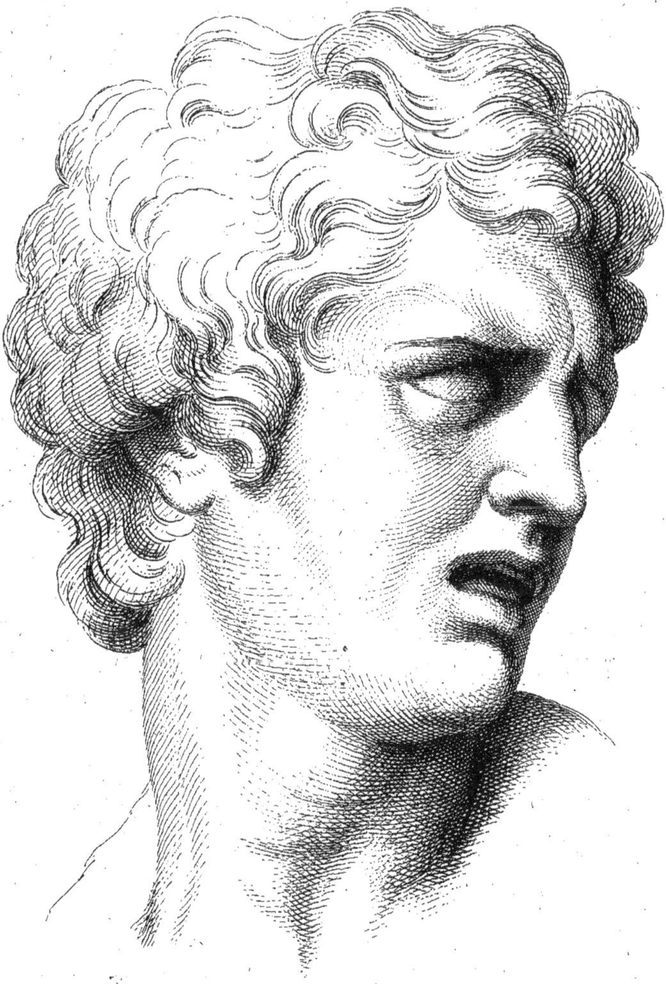

Douleur corporelle simple.

la Tristesse.

le Pleurer

la Compassion 14

le Mepris

l'Horreur.

l'Effroy 17

la Colere 18

Haine ou Jalousie.

le Desespoir 20

www.ingramcontent.com/pod-product-compliance
Ingram Content Group UK Ltd.
Pitfield, Milton Keynes, MK11 3LW, UK
UKHW031057260726
13965UKWH00006B/1563

9 782013 432740